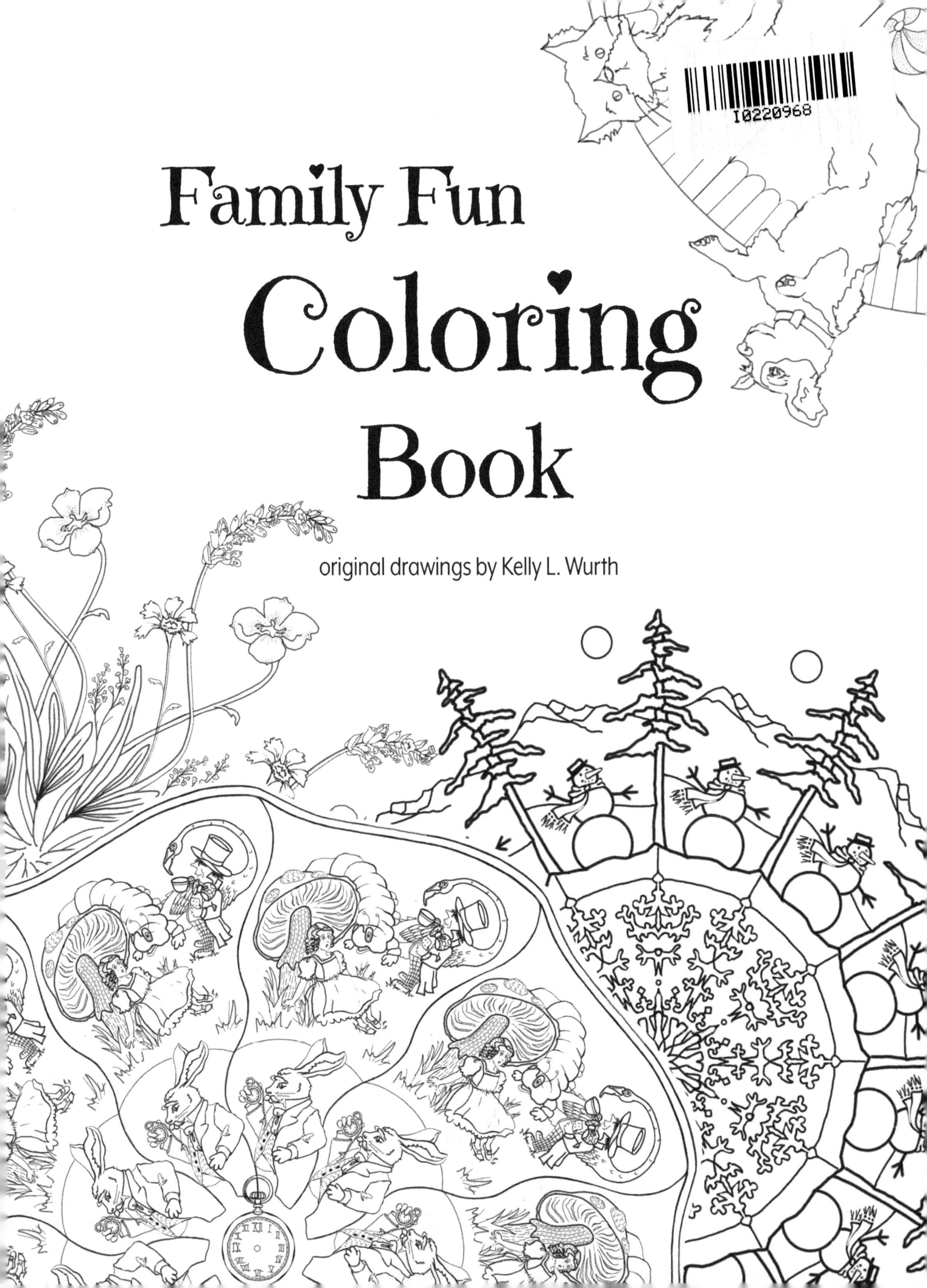

# Family Fun Coloring Book

original drawings by Kelly L. Wurth

Another great book from True to Story Publishing

# Family Fun Coloring Book © 2022 Kelly L. Wurth

ISBN 978-1-945217-07-4

© 2022 Kelly L. Wurth

Family Fun Coloring Book © 2022 Kelly L. Wurth

© 2022 Kelly L. Wurth

Family Fun Coloring Book © 2022 Kelly L. Wurth

Family Fun Coloring Book © 2022 Kelly L. Wurth

© 2022 Kelly L. Wurth

Family Fun Coloring Book © 2022 Kelly L. Wurth

© 2022 Kelly L. Wurth

Family Fun Coloring Book © 2022 Kelly L. Wurth

Family Fun Coloring Book © 2022 Kelly L. Wurth

Family Fun Coloring Book © 2022 Kelly L. Wurth

© 2022 Kelly L. Wurth

Family Fun Coloring Book © 2022 Kelly L. Wurth

© 2022 Kelly L. Wurth

Family Fun Coloring Book © 2022 Kelly L. Wurth

© 2022 Kelly L. Wurth

Family Fun Coloring Book © 2022 Kelly L. Wurth

© 2022 Kelly L. Wurth

Family Fun Coloring Book © 2022 Kelly L. Wurth

© 2022 Kelly L. Wurth

Family Fun Coloring Book © 2022 Kelly L. Wurth

© 2022 Kelly L. Wurth

Family Fun Coloring Book © 2022 Kelly L. Wurth

© 2022 Kelly L. Wurth

Family Fun Coloring Book © 2022 Kelly L. Wurth

Family Fun Coloring Book © 2022 Kelly L. Wurth

Family Fun Coloring Book © 2022 Kelly L. Wurth

© 2022 Kelly L. Wurth

Family Fun Coloring Book © 2022 Kelly L. Wurth

© 2022 Kelly L. Wurth

Family Fun Coloring Book © 2022 Kelly L. Wurth

Family Fun Coloring Book © 2022 Kelly L. Wurth

Family Fun Coloring Book © 2022 Kelly L. Wurth

Family Fun Coloring Book © 2022 Kelly L. Wurth

Family Fun Coloring Book © 2022 Kelly L. Wurth

© 2022 Kelly L. Wurth

Family Fun Coloring Book © 2022 Kelly L. Wurth

© 2022 Kelly L. Wurth

Family Fun Coloring Book © 2022 Kelly L. Wurth

© 2022 Kelly L. Wurth

Family Fun Coloring Book © 2022 Kelly L. Wurth

© 2022 Kelly L. Wurth

Family Fun Coloring Book © 2022 Kelly L. Wurth

© 2022 Kelly L. Wurth

Family Fun Coloring Book © 2022 Kelly L. Wurth

© 2022 Kelly L. Wurth

Family Fun Coloring Book © 2022 Kelly L. Wurth

© 2022 Kelly L. Wurth

Family Fun Coloring Book © 2022 Kelly L. Wurth

© 2022 Kelly L. Wurth

Family Fun Coloring Book © 2022 Kelly L. Wurth

© 2022 Kelly L. Wurth

Family Fun Coloring Book © 2022 Kelly L. Wurth

© 2022 Kelly L. Wurth

Family Fun Coloring Book © 2022 Kelly L. Wurth

© 2022 Kelly L. Wurth

Family Fun Coloring Book © 2022 Kelly L. Wurth

Family Fun Coloring Book © 2022 Kelly L. Wurth

© 2022 Kelly L. Wurth

Family Fun Coloring Book © 2022 Kelly L. Wurth

© 2022 Kelly L. Wurth

Family Fun Coloring Book © 2022 Kelly L. Wurth

© 2022 Kelly L. Wurth

Family Fun Coloring Book © 2022 Kelly L. Wurth

Family Fun Coloring Book © 2022 Kelly L. Wurth

© 2022 Kelly L. Wurth

Family Fun Coloring Book © 2022 Kelly L. Wurth

© 2022 Kelly L. Wurth

Family Fun Coloring Book © 2022 Kelly L. Wurth

© 2022 Kelly L. Wurth

Family Fun Coloring Book © 2022 Kelly L. Wurth

© 2022 Kelly L. Wurth

Family Fun Coloring Book © 2022 Kelly L. Wurth

Family Fun Coloring Book © 2022 Kelly L. Wurth

© 2022 Kelly L. Wurth

Family Fun Coloring Book © 2022 Kelly L. Wurth

© 2022 Kelly L. Wurth

Family Fun Coloring Book © 2022 Kelly L. Wurth

© 2022 Kelly L. Wurth

Family Fun Coloring Book © 2022 Kelly L. Wurth

© 2022 Kelly L. Wurth

Family Fun Coloring Book © 2022 Kelly L. Wurth

© 2022 Kelly L. Wurth

Family Fun Coloring Book © 2022 Kelly L. Wurth

Family Fun Coloring Book © 2022 Kelly L. Wurth

Family Fun Coloring Book © 2022 Kelly L. Wurth

© 2022 Kelly L. Wurth

Family Fun Coloring Book © 2022 Kelly L. Wurth

Family Fun Coloring Book © 2022 Kelly L. Wurth

Family Fun Coloring Book © 2022 Kelly L. Wurth

© 2022 Kelly L. Wurth

Family Fun Coloring Book © 2022 Kelly L. Wurth

Family Fun Coloring Book © 2022 Kelly L. Wurth

Family Fun Coloring Book © 2022 Kelly L. Wurth

Family Fun Coloring Book © 2022 Kelly L. Wurth

Family Fun Coloring Book © 2022 Kelly L. Wurth

© 2022 Kelly L. Wurth

Family Fun Coloring Book © 2022 Kelly L. Wurth

Family Fun Coloring Book © 2022 Kelly L. Wurth

# Family Fun Coloring Book

Kelly L. Wurth

ISBN 978-1-945217-07-4

Like fiction? Explore historical novels by K. Lyn Wurth,
also from True to Story Publishing:

*The Darkwater Liar's Account*
*Seven Kinds of Rain*
*Remember How It Rained*
*That Dish at Gracie's Café*
(Will Rogers Medallion Award 2021)

and from Five Star Publishing:

*The Not So Quiet Life of Calamity Jane*

All available on amazon & barnesandnoble.com

www.ingramcontent.com/pod-product-compliance
Lightning Source LLC
Chambersburg PA
CBHW080558090426
42735CB00016B/3283